Von der Muse versetzt

Für Eva,

die Weisheit in kleinen Dingen

Dank an: Gisela Dürselen, Franziska Faltermeier, Carmen Simone Fischl, Stefan Heckner, Martin Kubetz, Anne-Sophie Pauli, Olga Testova und Alexey Testov

Alexey Testov, geboren 1988 in Moskau, emigrierte mit seinen Eltern 1996 nach Deutschland und wuchs in Moskau und Landshut auf. Nach dem Besuch des Hans-Carossa-Gymnasiums und der Fachoberschule in Landshut arbeitete er in verschiedenen Berufen. Heute lebt und schreibt er in Landshut.

Alexey Testov
Von der Muse versetzt

Bibliografische Information der Deutschen Nationalbibliothek
Die Deutsche Nationalbibliothek verzeichnet diese Publikation in der Deutschen Nationalbibliografie; detaillierte bibliografische Daten sind im Internet über http://dnb.d-nb.de abrufbar.

Alexey Testov
Von der Muse versetzt

Berlin: Pro BUSINESS 2010

ISBN 978-3-86805-761-4

1. Auflage 2010

Produktion und Herstellung: Pro BUSINESS GmbH
Gedruckt auf alterungsbeständigem Papier
Printed in Germany
www.book-on-demand.de

Umschlaggestaltung: Stefan Heckner

Für meine Eltern

Ich fange die Sprache,
ich bin
die Schnur ihres Korsetts.

Der Geist ist ein Drache,
der stürzt
und die Regeln verletzt.

Das Blut sickert warm
entledigt sich
des Leibes Griff.

Der Künstler ist arm,
er schreibt
nur noch im Konjunktiv.

Irgendetwas mit Liebe

Jugendliebe

Ich hielt dein Gesicht in den Händen und zählte
dein Atmen (ganz ruhig) die ganze Nacht.
Ich hielt meinen Atem an (wegen der Kälte).
Ich hörte, wie der Kitsch über mich lacht.

Wären wir Kinder, würde ich flüsternd zu dir kommen.
Wir würden die Schatten der Sterne zusammen betrachten,
um uns dann auf den Rücken zu werfen, vom Lichte benommen
und uns gestehen, wie sehr wir nach der Sonne trachten.

Dann hielte ich dein Gesicht in den Händen und zählte
dein Atmen (ganz ruhig) die ganze Nacht.
Ich hielte meinen Atem an (wegen der Kälte).
Und hörte nicht, wie der Kitsch über mich lacht.

Der erste Kuss

Nervosität, schräg über uns zittert die Laterne.
Der erste Schock zieht laue Enttäuschung hinter sich.
Doch eine Handbewegung (die du verloren hast) liegt in der Ferne.
Bevor ich gehe, werfe ich Gedanken weg, sie sind für dich.

In deiner Tasche aus kleinen Stöpseln passende Musik.
Doch der Moment, der stimmig wäre, ist nicht da.
Akustisch sehe ich in deinem Blick:
Dein Nein ist nur die Sehnsucht nach meinem Ja.

So hübsch, so unerfahren bist du doch.
Selbst dein Aussehen bewunderst du noch.

Du betrachtest benommen, erquickt
deine Schultern, dein‘ Busen, dein‘ Blick.

Und der Spiegel (der blinde, eigentlich),
ja, der Spiegel, der Spiegel bin ich.

Ich ging die Straße entlang,
kickte den Mond vor mir her,
nervte mit meinem Gesang
alle, es war menschenleer.

In dieser einsamen Stund
dachte ich darüber nach,
dass selbst der gierigste Mund
gern mal Geschenke versprach.

Doch als ich dich plötzlich sah,
wusst' ich, jetzt ist es soweit,
du standest vor mir, dein Kleid
warb für viel mehr als da war.

Ich ging zwei Schritte zurück,
du warfst mir Luftküsse zu,
aber ich konnte zum Glück
AUSWEICHEN.

„Heute ärgert es mich, hätte ich damals gemerkt,
was sie mir sagen wollte, was sie meinte,
wäre mein Leben zwar nicht anders verlaufen,
doch ich hätte eine schöne Erinnerung mehr
in meiner Vergangenheitscollage.

Eine Erinnerung mehr, an der ich jetzt zerren könnte.
Nicht dass es mir an solchen Erinnerungen mangelt...

Ach, was rede ich da!?“,
sagte er mit einem Gesichtsausdruck, als hätte er endlich
die lang verlorene Nagelschere wiedergefunden,
ohne die er zwar leben konnte,
die nichtsdestotrotz seine Lieblingsnagelschere gewesen war.

„Ich gehe nach Hause!“
„Zu Hause sterben die Leut‘!“,

warf sie mit einem angedeuteten Monalisalächeln ein.

„Jeder Tod ist eine Wiedergeburt!“,
sprach er und verließ die Kneipe.

Weit weg, da standen viele Bäume
im Rauch und Staub für das, was ich besessen.
Ideen sind nur Eindrücke und Träume,
und deswegen ganz einfach zu vergessen.

Aristophanes' Idee ist wohlbekannt, erhaben.
Doch sich mit ihm zu streiten wär' erzwungen.
Auch wenn der Mann, die Frau wohl Fehler haben,
so finde ich die Fehler sehr gelungen.

Du standest da, als ob zum Beichten wie ein Christ.
Und Folgendes bemerkte ich sogleich,
dass wenn du vor mir ausgezogen bist,
dann wird die Leere um dich reich.

Die Grenze wurde überall gezogen,
selbst in der Liebe, in der Trauer, dann Tod.
Und Menschen haben immer schon gelogen,
doch auch das schwarze Blut schimpft sich nun rot.

Komm lass uns fröhlich sein, du Leser, Hörer,
ich baue dir die Rolltreppe ins Glück.
Vertreibe Missmut, Angst, vertreib die Störer.
Ich sage: Öffne dich der Lust ein Stück!

So schreib ich diese Zeilen dir
während Justine, die nicht mehr auf Augenhöhe,
die Ebbe streichelt in die Flut,
Und mir
(und ihr)
geht's gut.

Die große Liebe

Die Kante deiner Schenkel ist das Herz der Nacht.
Der Weg nach Rom führt über deinen Bauch,
vorbei am Engpass, mit 30 in den Schacht,
den deine Zung´ bedeckt, und deine Zähne auch.

Der Schatten presste sich an eine kahle Wand,
er flüsterte zum Bett, auf dem wir lagen:
„Du tust mir leid, du Werkzeug dieser Schand‘,
nicht nur die Liebe musst, als Bett, du tragen.“

Doch jetzt besteigt auch noch die Kälte deinen Leib,
das Eis zerspringt bei einem kurzen Beben
und ein Sirenen-Schrei ertönt, du lüstern Weib.
Es ist es wert, diesen Moment zu leben.

Der Schatten und das Bett verstummen nun,
und du erhebst dich aus dem Liebessarg.
Du schaust wie ein aufgeschrecktes Huhn
und sagst zu mir: „Das macht dann 50 Mark.“

Hofnarr

Oh ja, ich gebe zu, ich bin ein Narr.
Doch Könige sind lang schon ausgestorben.
Das klingt vielleicht für dich etwas bizarr,
denn du bist längst zur Königin geworden.

Die Instrumente, die ich spielte, liegen tonlos rum
und nur mit den Gedanken wage ich
dich zu berühren, dich zu küssen - stumm.
Ein Narr wird niemals königlich.

Doch als du mich, nach Süden richtend, streichelst,
als die Gedanken Schatten nach sich ziehen,
als mir das Leben nun erscheint als leichtes,
schafft es ein Ton aus meinen Glöckchen zu entfliehen.

Anne

Du bringst mir die Unendlichkeit so nah,
wenn du, in meinen Händen angezogen,
ein Lächeln lachst, und um ein Haar
hätte die Zeit den Raum betrogen.

Den freien Willen hast du mir genommen,
denselben, den ich nie gehabt.
Instinkt hat den Verstand erklommen,

der Teufel sich an meiner labt.
Ja sündigen, doch nur für dich.
Unendlichkeit, vergiss den Anfang nicht.

Göttin

Vor deinen Augen hängen dekorativ Gitter,
unseren Blicken bleibt die Sicht verwehrt.
Das Zwinkern eines Blinden und ein Zittern
durchfährt den Körper und der Geist, der dich begehrt

wird weich und aufnahmefähig für Ideen,
die du versprühst im Zustand, der Nirvana gleicht.
Und ich versuch's, doch kann ich nicht verstehen,
wenn du beim Glücks-Schweiß-Tropfen sagst, es reicht.

Eine Göttin kann nicht leben ohne Glauben.
Für sie baue ich Kirchen, eigentlich nur eine,
als Fundament dienen zwei Trauben.
Oh, meine Göttin, ich glaube an dich.

Die Uhr blieb stehen und ich zog sie nicht mehr auf.
Sie war getragen, hatte aber keine Kratzer, Dellen.
Und trotzdem – dachte ich nicht an Verkauf,
denn ich ertrank in fließend-zeitlosen
Gedankenwellen.
Begegnete ihr später;
Ungeplant
sah ich die Zeiger sich bewegen.
Sie sagte nichts und hat mich nicht belogen.
Die Symmetrie der Zeit kann auch ich nun widerlegen,
denn (meine) Uhr hat mich mit ihr betrogen.

Ein milder Abend

Die Liebesworte, die ich dir einst sagte,
verstecken sich noch immer in den Kissenfalten.
Wenn Zärtlichkeit abhanden gekommen ist,
dann sucht man Wärme.

Ein langes Haar lugt hinter der Decke hervor,
wie ein längst vergessener Gedanke.
Es ist gekringelt,
es sieht unanständig aus.

Mensch-komm-her-geh-weg-Spiel,
Erotik aus menschlicher Nähe.
Gott ist der Einzige, der es schafft:
Ohne Existenz zu herrschen.

Fugel-Voge

Du bist ein Vogel in der Luft,
der fliegen kann, doch Hilfe sucht.
Ich möchte dich erlösen.
Du bist ein Vogel in der Luft,
der Lieder singt, die ich erdacht.
In meiner Gruft deiner Gedanken
bin ich ganz antriebslos gefangen.
Du bist die Luft, die Vögel trägt,
die helfen kann, doch Haken schlägt.
Ich möchte dich erlösen.
Du bist ein Vogel, der bewacht
die Lieder, die ich einst erdacht
in den Gedanken deiner Gruft,
die Lieder singt und Hilfe sucht
bei einem Vogel in der Luft.
Du wirst mich einst erlösen.
Du bist ein Vogel in der Luft,
der fliegen kann in einer Gruft,
der Lieder singt, die ich erdacht,
der mich tagaus tagein bewacht,
der antriebsvolle Haken schlägt,
der hilfreiche Gedanken trägt.
So wie die Luft, die Hilfe sucht
mal hier, mal da, in einer Gruft.
Sie wird mich einst erlösen.

Ich stand auf.
Schnappte Tabak und Papier.
Ging auf den Balkon.
Und schon erschlugen sie mich.
Die Düfte.
Die Gerüche.
Diese Bastarde.
Diese zeitlichen Gefährten.
Von irgendwem.
Von irgendwas.
Ich roch den Duft des Tabaks und des Papiers.
Ich roch die Wärme der Flamme und die Aromen des Rauchs.
Die Eigenart der Kälte im Schneeflockenmuster,
die Verdauung des Aschenbechers.

Die Aromen des Morgens versprachen mir Lust, doch ein Gestank von Notwendigkeit kroch herbei, gewürzt mit Pflichten, die überdosiert derb hervorstachen.
Ich nahm etwas wahr, was mich immer schon verfolgt; ein Duft, der mich zu dem macht, was ich bin, den kein anderer wahrnimmt, der aber mich steuert durch das Verhalten der anderen.
Ein Gestank von Erinnerungen und Mitgefühl gepaart mit Prisen von Fragen und Vorsicht.

Plötzlich.
Ein angenehm vertrauter Duft.
Ich spüre dich, an meinen Rücken gelehnt.

Ist nun die Art, dich zu berühren,
Sünde oder ist sie's nicht?

Für eine gute Sache die Armee zu führen!?
Kommt drauf an, aus welcher Sicht.

Die Nichtraucherküche

Während du in der Früh die Eier
pelltest sang das Radio vom schönen
Wetter im Nirvana. Während ich, wie ein Geier,
die Zigarettenschachtel ansah um mich zu verwöhnen.

In deiner Anwesenheit fühlte ich mich wie eine
Motte, die vom Licht der Laterne angezogen
um sie herumschwirrt, gefangen und keine
Chance hat. Doch die Laterne ist mir gewogen.

Ich dachte mir: Wenn du die Zeit besitzen willst
musst du den Moment verlieren. Du sagtest mir
ich soll die Klappe halten so früh am Morgen. Du stillst
meine Muse mit Eiern und ich bringe sie aufs Papier.

Ich lernte dich gestern bei einem Bier kennen.
Du schienst mir wie eine graue Maus.
So nahm ich dich mit zu dir zum Pennen!
Der Moment spuckte meine Gefühle für dich aus.

Liebes Schicksal,

der Strick und auch das Kreuz sind für den Hals vorgesehen
im Leben.
Kurz vor dem Tode sieht man Daseins-Fotos,
dann Flehen und Beben.

Ich werfe Blicke aus dem Fenster,
so wie Kippen.
Ich sehe Leute und hoffe, dass ich sie
mit Nicken

zu mir heraufholen kann
zum Reden,
um nach dem Kaffee irgendwann
mit dir zu leben.

Der alte Kerzenleuchter lag auf dem
Boden wie eine verweste Vogelleiche.
Die Glühbirne hing von der Decke, wie ein irgendwem
herausgerissenes Auge und tat das Gleiche.

Doch nicht ganz, die Birne leuchtete
40 Watt hell, aber die Watt zitterten regelmäßig.
Meine Stimmung badete im verstaubten Licht und berichtete
den Spinnen ihre Freiheit. Die hungrigen Spinnen beneideten
gefräßig

die Schönheit der Glühbirne. Endlich verstehe
ich, was geschehen ist, und bemerke matt,
dass du mir alles genommen hast. Gestehe!
Du nahmst mir alles, sogar das Feigenblatt.

I

Die Lichter waren einmal heller, selbst der
Mond
schenkt seine Aufmerksamkeit der
kleinen
Wolke. Geblieben, einsam, silhouettenhaft und
unverschont,
sind nur die Kanten eines Tisches und die
deinen.

II

Ich habe mich noch nie nach Unverbindlichkeit
gesehnt.
Und was ich denken soll, sagte mir stets eine
Berührung.
Danach habe ich mich oft an Stimmungen
gelehnt.
Ich spürte emotionale Akrobatik und
Verführung.

III

Das einzige Gefühl, das ich je kannte, war
Begehren.
Wenn ich den Körper einer Frau spürte,
sah
War ich ein Kannibale, wollte sie
verzehren.
Doch in der Früh war dieser Körper immer noch
da.

Drogen

Vom Wein der Bacchus, vom Absinth sind wir
berauscht, die grüne Fee flüstert ins Hirn.
Oh Sonne, ausgepeitscht von Engeln zier,
den dunklen Himmel satt, denn das Gestirn
ist matt, befindet sich im Rausch.

Vom Wein der Bacchus, vom Opium sind wir
benommen, denn seine Seele frisst uns auf.
Romantik-Geigen, Todes-Harfen spielen hier,
das Licht scheint lustlos, träge, stumm darauf,
was dieser Ort sich hat genommen.

Vom Wein der Bacchus, von dir bin ich
betrunken, ersauf in dem Geruch,
den du versprühst, ja, eigentlich
ist dich zu lieben, Sünde, denn selbst der Versuch,
in deine Abgründe zu stürzen, in die schon manch ein Anderer
gesunken,
möglich, ja, ich tu`s!

Aus der Provinz des Universums

Schon wieder der Sonnenaufgang, der Kater, die Schmerzen,
nächtlicher Erguss, Schlaffheit und Lärm.
Die Sorgen um Brot und Salz im Herzen,
das Schweigen dem mürrischen Spiegel erklären?
Allesfressende Gedanken des Hirns:
Geh und reibe dich wund am Leben!
Die Spitze der Vernunft, des Wahnsinns
werde ich dir geben.

Metamorphose

Gebrochenes Licht in der Gedankenwelt einer Laterne.
Geklebter Schatten ziert die Häuserwand.
Verschachtelte Gefühle in der Ferne
schnür ich zu einem Knoten mit der Hand.

Die Kakerlake krabbelt ruhig vor sich hin,
so wie mein nichtzerquetschtes laues Gewissen.
Und was ich meine, was ich will, der Sinn,
erschließt sich dir nicht schon beim ersten Lesen.

Ich schrieb sehr viel, ich hielt mich für unsterblich,
die Muse war schon da, sie wechselte die Birne.
Doch schien es fast wie Karneval - mal ehrlich:
Ich merkte irgendwann, sie war ´ne Dirne.

Der Morgen duschte, wurde endlich wach.
Ich war ein Narr und wurde zum Verrückten.
- Die Müdigkeit und Mattheit spielten Schach -
Die Schlampe schlief sehr tief auf den entrückten

Kissen, mir taten meine Laken leid.
Ich sah Kondome an der Decke kleben.
Gedanken tropften runter auf ihr Kleid:
Ich schulde meinen Träumen Leben.

People-Watching

Einst saß ich in der Mitte des Geschehens,
dort, wo die Menschheit brodelt, als zög ein Sturm herauf,
dort, wo die Bettler sitzen, an Ecken, die zu Hauf
die Kolosseen sind des Schmerzes und des Flehens.

In dem Gestank der Freude sah ich kriechendes Getier,
tapezierte Frauengesichter, doch ohne Lohn.
Sie werben leibig, brüstig für Emanzipation,
sie circen notgeil, nymphisch nur mit mir.

Sie wollen mir den Honig aus den Schmerzen ziehen,
an Orten, wo die Betten sprechen und der Mond beschämt
die Wolken zuzieht, leise, lange gähnt,
um in die dunkle Keuschheit zu entfliehen.

Da saß ich nun, doch plötzlich sah ich dich;
die Männer zwinkern aus deinem Ausschnitt.
Mit dir gemeinsam wären wir zu dritt;
Realität, vergiss mich

nicht.

Prolog

Auf den Sinn des Lebens erheben wir Finderlohn.
Religionen circen brüstig, breitbeinig.
Betrachtet sie (wie mich) mit Hass, mit Hohn,
verstehen könnt ihr nichts, kein wenig.

Aus dem Paradies werft ihr tagtäglich Götter runter,
die ihr gerade auf den Himmelsthron gesetzt.
Mein Freund, der Teufel, legt drauf Nägel, munter
damit er einen Götterarsch verletzt.

Die Freunde sind nur einen Spucker weit entfernt.
Doch ich mach das Maul auf, das ist besser,
als wenn man träge Vegetieren lernt
im Schatten seiner eigenen Luftschlösser.

Liebe Leser

Von Gott erschaffen? Pah! Da lache ich doch drüber,
ein Künstler wie Picasso malte mich.
So bitte ich um euer Aug' und Ohr oh Brüder,
schmökert in meinen Schmerzen, widerlich.

Betrachtet glatt geschliffene Kanten meiner Seele,
doch einen Schiefer zieht ihr ein von mir.
Er wandert leise, heimlich bis zur Kehle,
er kürzt euch ab, so scharf – wie ein Stück Papier.

Ja, ihr verliert die Schrauben, der Kopf wird locker!

Die Aufgabe des Dichters

In dieser Nacht ist selbst der Himmel gut gesalzen,
auch manche Bilder sind erkennbar in den Stücken
der Finsternis, die uns erdrückt wie schwarze Walzen.
Doch ich bin ausgebildet, diese Dinge euch zu pflücken.

Ich bin ein Dichter und da spricht doch nichts dagegen,
ich packe eure Sünden gern in Reime.
So wirkt ihr schlauer und ein Stück verwegen,
dass selbst die Damen springen aus den Kleidern.

Doch was ich mach, ist auch ein Handwerk und kein leichtes,
das merkte ich, als ich den Himmel sah.
Ihr wisst es nicht, doch ich bin sicher - ich weiß es:
Ich bringe euch die Sterne greifbar nah.

So lag ich einst im grauen Nest der Tage
und fühlte mich, so wie ein Kleiderschrank.
An meinem Hosenstall klopfte das Herz, oh sage,
dass du mich ewig liebst, als ob ein krank-

er Mensch den Tumor zum Orgasmus treibt.
Das Sehnen alter Früchte nach dem Laub.
Wenn ihr auch nichts zu sagen habt, dann schreibt,
gebt dem Pogrom von Reimen einen Grund.

Und auf dem Sofa Schatten deiner Lieder,
die ganz zerknittert um Erlösung flehen.
Ich träume unverschämte Träume nieder,
wenn sich die Schatten anfangen zu drehen.

Pathetische Poesie

I

Die Sturzflut der Tage klatschte an die
gedanklichen Klippen, während das Telefon
läutete und eine Stimme schrie:
ich solle aufhören zu lügen, keinen Ton
ließ ich an mich heranfliegen,
denn die Vernunft hätte mich bezwungen.
Ich aber hatte genug von den vielen Kriegen.
Nachdem ich aufgelegt hatte, sog ich in die Lungen
Rauch und rief widerrufene Wiederrufe an,
hörte aber nur quergespannte Geräusche.
Ich legte also auf und dachte daran,
dass der Reim nur ein Zwang der Poesie ist.

II

Von Grenzen braucht man gar nicht anfangen.
Gesetze schützen nur die Schwachen, die
ohne Eingebung in ihrem Leben gefangen
vor sich hin zur Schau schreiben, Heft auf Knie,
Stift in der Hand, gedanklich bei ihr oder bei ihm.
So kritzeln sie Poesie ohne Kitsch und
Kitsch ohne Poesie; immerzu sinn-
freies Geschwätz, wie das von Fliegen, die rund
um ihr eigentliches Ziel kreisen
ohne auch nur den Gedanken woher es kommt.
Sie kümmern sich nicht einmal um die Arten und Weisen,
Aussehen und Beschaffenheit ihrer ausgesuchten Götter.

Realität wird durch die Wahrnehmung bestimmt,
am frühen Morgen steh' ich vor dem Spiegel,
sehe mein Auge, das auf der Stirn gerinnt,
sehe die Nase, die wie ein großer Ziegel-
stein die breite Schulter schmückt.
Der Mund ist nur ein dünnes, weites Lasso,
der Geist ist der Vernunft nun ganz entrückt,
doch leider ist nicht jeder ein Picasso.

Schwarzer Hahn

Der Raum war geschwollen voll. Abschwellend
bewegten sich die Leute von den Straßen in die Kneipe
und redeten geschwollenes schwülstiges Zeug.

Die Lampe versuchte alles in einem Kreis
einzufangen, der, im Schirm gefangen, anfing
befangen zu schmollen.

Doch das Zeug, von dem sie sprachen, die Leute,
zeugte vom zwanghaften Zwang,
der als Zeugnis

der gesprochenen sprachgewandten Sprache
sprach. Denn das nonverbal, das Non-suggestiv-aggressiv
Gesprochene, ist sprachlich meistens ein nicht

so ausgesprochener Nonsens.

Moralische Ansichten eines Rauchers

Das Werden ist die Vergangenheit des Seins

Das Werden ist doch die Vergangenheit des Seins.
Es war, es ist, es wird geschehen werden.
Es ist egal, ob seins, ob deins, ob meins,
es ist egal, du wirst es kennen lernen.

Wenn Häuser brennen, Städte fließen, Brücken brechen;
es ist egal, was war, wird immer werden.
Wenn Menschen sterben, Kinder töten, Götter rächen;
es ist egal, du wirst es kennen lernen.

Was also ist des Lebens Sinn?
Es war, es ist, es wird geschehen werden?
Denn ob ich werde, ob ich war, selbst, wenn ich bin;
es ist egal, ich werd es kennen lernen.

Politik

Dein Wesen ist doch nur ein langweiliges Flüstern,
ein See voll Eiter deine wunderschöne Haut.
Die Lippen formen sich zu Kot, der lüstern
ein Liedchen sing, gleich dem Sirenenlaut.

Die Pilgerfahrt in die Unendlichkeit, dein Leben,
dein vorgestriger Schatten holt dich ein.
Ich werde dir die Schlange aller Schlangen geben,
verführe sie zur Sünde. Dein Gebein

wird niemals Staub, du - wirst immer ausharren.
Doch eine Hoffnung hege ich im Wahn:
ja, selbst im Munde eines Narren
wächst irgendwann der Weisheitszahn.

Links

Beim Versuch die Welt zu retten,
beim Versuch sie zu bewegen,
beim Versuch die schweren Ketten
von der Zunge abzulegen.

Beim Versuch die Welt zu lieben,
beim Versuch sie zu verstehen,
beim Versuch ist es geblieben.

Krieg

Die Last, die auf deinen Schultern lastet
weißt du im Grabe abzulegen.
Dein Atem um die Wette hastet
sogar beim langsamen Bewegen.

Der Schmerz summt in dir wie die Fliegen,
der Rücken winselt wie ein Hund.
Du dachtest erst, ihr würdet siegen,
doch dann fiel er zu später Stund.

Geschosse kratzen deinen Gang,
sie streifen ihn, ein kurzer Stich.
Du hörst den Krieg, welch ein Gesang,
jetzt leg ihn ab und rette dich.

Einst hörten wir Glockenschläge schlagen,
sie schlugen insgesamt sechsmal.
Jeweils einmal für Hass, Furcht, Liebe,
jeweils einmal für Schmerz und Hoffnung.
Dies war der Startschuss für Eva;
sie fuhr Schlangenlinien.
Sie zog den Schlussstrich
mit einer Schere.
Sie erzog ihre Kinder, ich sag nicht wie;
die Tiere waren das Gegenbeispiel.
Jetzt zittern die betenden Hände,
als ob in ihnen Fliegen ficken.
Und wir verstehen, dass die Natur
- denn Gott ist eine Raubkopie
(wir haben gelernt auf Originale zu verzichten) -
nichts verschenkt;
sie weist nur zu.

Waste-Management

Ich lese gerne Comics, Wolken sind die Hefte.
Das Gras mückt zärtlich meine Haut.
Die Tiere fliegen ganz in Weiß und voller Kräfte
zögern sie lange, bis die erste Seele taut.

In diesem Vorwärtsquellen seh ich einen Riss,
so zwischen Bärenschwanz und Drachenbauch
wird durchgeschnitten, die Wunde gafft nach einem Biss.
Ich sehe schwarzen Rauch.

Sie saß da und las in einem Buch.
In brüstiger Erwartung sah ich hin.
Das Buch sank auf die Knie, ein grünes Tuch
bedeckte ihren Körper bis zum Kinn.

Die Pünktlichkeit des Zufalls ist gewiss,
was ist, muss werden, die Veränderung
beweist uns ständig, dass das Leben ist.
Doch viele von uns wagen nie den Sprung.

Ich klingelte, ich drückte die Klinke,
Ich klopfte, ich stampfte, ich schrie,
und sie schlug zu, von rechts mit der Linken,
das Tuch wurde rot, ich spürte ihr Knie.

Ich wollte doch eigentlich bloß Feuer.
Dann wurde es schwarz, doch nicht nur das Tuch.
Jetzt wusste ich, Rauchen ist nicht nur zu teuer.
Sie saß da und las in einem Buch.

Die Einsamkeit entsteht aus den Sekunden,
bemerkte ich mal auf der Autobahn.
Sie kroch dahin, aus Streifen wurden Stunden,
doch in der Stadt wird Vorfahrt schnell zum Wahn:

Das Recht des Stärkeren versucht man aufzuheben.
Privates Eigentum, Profit und Macht,
nichts anderes scheint die Gesellschaft zu bewegen.
Doch es wird niemals bis zum Schluss gedacht.

Nimmst du einer Person die Jacke weg,
wirst du sofort als Dieb abschneiden.
Doch was ist einer der die Mittel hätt',
eine Person, die nackt, neu einzukleiden

und es nicht tut? Die Menschlichkeit ertrinkt.
Ein Übermensch sind viele nur zum Schein.
Sie würden gerne, doch die Praxis hinkt:
Zuvor muss man ein Mensch gewesen sein.

Picasso und Van Gogh hatten doch nur die falsche Brille.
Trotzdem beseelten sie die Wirklichkeit.
Die Bilder schweigen, doch man hört die Stille
und weit entfernt fühlt man, wie jemand schreit.

Ich schreibe hier nicht, weil ich etwas kann,
auch nicht, weil ich es besser weiß als ihr,
wir alle, ohne Ausnahme, leiden leider an
bestimmten Zwängen, mich treibt es zum Papier.

Um Schmerzvermeidung dreht sich unser Leben.
Wir tanzen uns die Seele aus dem Leib.
Nur haben, haben, HABEN!, doch nie geben,
wir wollen Ehre, Macht, viel Geld und Weib.

ER gab uns aber kein Talent zum Tanzen.
IHN gibt es gar nicht, niemanden der richtet.
Was steckt dann eigentlich hinter dem Ganzen?
Einfach alles und das Nichts nichtet.

Altes indisches Märchen

Einst trafen sich die Vagina, der Hintern und die Brust,
sie stritten sich darüber, wer von ihnen
die wichtigste im Leben ist (bezogen auf die Lust,
die Mann empfindet, um ihn zu gewinnen).

Die Vagina sprach selbstbewusst und leise,
sie sei das wichtigste im Leben einer Frau,
Nur wegen ihr machte ein Mann so manche Reise,
nur sie ist wunderschön, bewundernswert und schlau.

Nur sie verbirgt Geheimnisse, die so erhaben.
Nur sie interessiert den Mann so sehr.
Nur sie weiß von den vielen vielen Gaben,
die er ihr gibt, sein Geld, sein Ruhm, sein Heer.

Die Brust schrie aber, dass doch sie es sei,
das wichtigste am Körper einer Frau.
Nur wegen ihr wird Mann so schwer wie Blei.
Nur sie ist wunderschön, bewundernswert und schlau.

Nur sie hat Formen, die der Mann begehrt.
Nur sie zieht seine ganzen Blicke auf sich.
Nur sie wird Tag und Nacht von ihm verehrt.
Und nur durch sie wird er erregt zum Stich.

Der Hintern flüsterte zu beiden dann,
er sei das wichtigste am Körper einer Frau.
Nur er zieht Mann in seinen Bann.
Nur er ist wunderschön, bewundernswert und schlau.

Nur er ist das was beide sind.
Nur er ist weder noch.
Er sprach so frisch, wie Frühlingswind:
Ich habe schöne Rundungen und auch ein Loch.

Zeit

Die Zeit ist langsam, sie ist schnell, sie fließt, sie tickt,
sie steht, sie rinnt, sie rennt, sie fliegt,
sie schlägt, sie ruft, der Kuckuck nickt;
egal wie es auch kommt, sie siegt.

Doch du entscheidest wie sie geht.
Es kommt nur auf die Dringlichkeit der Seite an,
der Toilettentür und wo man steht.

Die Hauptsünden *Nach Franz Kafka*

Das Kreuz, das an der Wand hängt, ist verstaubt.
Der Schein des Glaubens spinnt meine Gedanken,
sie gleiten zur Vernunft, der ich beraubt
und lustlos merke ich, ich bin gefangen.

Die Freiheit ist ein kümmerlich Gewächs,
ihr Dünger war doch immer schon die Sünde.
Wir sind die Kinder, Kinder seines Drecks.
Und schuld daran sind diese beiden Gründe:

Wir hörten niemals auf die Wort', denn auch die Mahnung
war nicht im Stande uns zu retten, wo blieb das Glück:
Die Ungeduld ist schuld an der Verbannung,
die Lässigkeit versperrt uns das Zurück.

Parthenogenetische Gedanken

Trinkgeld

Der Schatten zog
wie ein Lasttier
das Auto
über die Straße.
Die Straße
war leer,
die Luft
stickig eng
und aufgestaut.
Meine Zigarette
tat den Rest.
Der Kopf fühlte sich an,
als habe er die
richtige Frequenz
immer noch nicht
gefunden.
Das Radio
war kaputt.
Er spürte
sie nicht.
Der Arm,
der wie ein
geschlachtetes Tier
am Haken
aus dem Fenster
hing,
spürte die Insekten nicht.
Sie flogen
an ihm vorbei,
wichen ihm aus.
Der Schatten
legte zwei Gänge zu.
Die Fliegen
versauten sich das Leben
und mir die Scheibe,
indem sie versuchten,
mit dem Kopf
durch die Wand
zu fliegen.

Der Scheibenwischer
quietschte durstig.
Ich hielt an,
um Geschäfte zu erledigen.
Lieblich verspielt
flogen zwei Amseln
wie Verliebte herbei.
Sie fingen an,
die Insekten
von der Scheibe
zu essen.
Ich fühlte mich
wie ein Kellner.

Der letzte Freitag stinkt nach nassem Schrott.
Die Wasserleitungen schlucken nichtig.
Was ist schon absolut? Und ist das wirklich wichtig?
Bin's ich, der Wille, die Vernunft, ist's Gott?

Die Wahrheit, oh die Wahrheit, auch wenn absurd und trist;
man strebt, dass Glaube und Wille gleich, ein Meer.
Ein Musiker zu werden ist nicht schwer.
Sogar Phalaris* war ein Komponist.

---

* Griechischer Tyrann, der sich an den Schreien der Verbrennenden im bronzenen Stier ergötzte.

Ist’s Langeweile oder so; nur Grippe?
Das Nichtstun hat den Beigeschmack von Aspirin.
Überall sind Leute, Leute, Leute, Krüppel.
Ich sehe nur Rücken, doch das sei mir verziehen.
Sogar die Zeit, vom Regen ganz erfroren,
fängt an zu brennen, wer hat sie d‘rum gebeten?
Die Welt ist nun zum Herbste auserkoren
und in die Wohnung fällt das Laub von den Tapeten.

Landshuter Hochzeit

Die Stadt ist eingekleidet in ein Transparent,
auf dem das Mittelalter tobt und schreit.
Verkleidet ist nur der, der jemand kennt
und der, der niemand kennt, der ist befreit.

Gesattelte Passanten auf den Straßen
ergötzen sich an längst vergangenem Sein.
Beobachten die Zeit bei ruhigem Grasen
und werden auf Tribünen Flöte oder Stein.

Ein Schnappschuss fliegt durch überfüllte Gassen,
er sucht sich durch die Linsen einen Blick.
Doch er verschwindet in der Ebbe bunter Massen
und jemand denkt sich: Hätt' ich nur gedrückt.

Lampenfieber

Das Licht der Scheinwerfer wird durch die Linse ihres Muts
gebrochen.
Selbst das Parkett des Lebens knistert nicht.
Das Herz schlägt aus allen Löchern, wie zerstochen
tritt Schweiß aus allen Poren des Gesichts.

Oh, das Gelernte ist so ewig weit in Sicht,
verloren sind die Wort', die Taten im Gewühl
all der Gedanken an die Zuschauer, das Licht;
nur Schauspieler suchen dies Gefühl.

Jetzt ist es da, ein kleiner Tod, zugleich
hat die Geburt auch wieder angefangen.
Die Angst ist weg, kein einziger ist bleich,
gekreuzigt von den Blicken auferstanden.

Sie fangen an, sie leben fremdes Ich,
sie fühlen sich in ihm sogar geborgen,
sie haben seine Macken, seine Sicht,
doch damit ist ein Teil vom Selbst gestorben.

Die Schwade

Eine Schwade von Gedanken
wird in meinem Kopf geboren.
Beim Versuch, sie einzufangen,
habe ich die Ruh verloren.

Der Sommer zieht so rasch vorbei,
der Herbst mir langsam Winter zeigt,
die Schwade ist nun endlich frei,
doch Hoffnung auf den Frühling bleibt.

Freier Tag

Das Telefon klingelt und ist wieder stumm.
Es holt nur kurz Luft, es klingelt gleich weiter.
Die Stille ist jetzt gebogen und krumm;
die genervten Wände seufzen, doch leider

bleibt die Notwendigkeit, auch wenn dieser Ton
die Ruhe entlässt; der Kopfschmerz ist weg.
Das Klingeln meldet sich wieder voll Hohn;
ich nehme den Hörer, so wie man am Reck

sich mühevoll hochzieht, das Atmen fällt schwer,
so stehe ich knietief im pechschwarzen See
der bösen Erwartungen, doch sie bleiben leer;
ich hör' deine Stimme, du fragst mich:"Café?"

Eis
Eis Eis Eis
Eis Eis Eis Eis
Eis Eis Eis Eis Eis
Eis Eis Eis Eis Eis Eis
Eis Eis Eis Eis Eis
Eis Eis Eis Eis
Eis Eis
Eis
am
S
t
i
e

Das Rezept

Einen Schluck Sonne.
Eine Prise Wind.
Ein TL Wonne.
Ein EL Kind.
Ein Glas voll Regen.
150g Segen.
Eine Hand voll Salz
und Seelenschmalz.
Doch ich sag diskret:
Bin auf Diät.

Schlicht

Der Sonntagmorgen blickte feucht zum Fenster rein.
Die Bäume träumten vom Laub.
Die Möbel tranken Strahlenwein.
Gehäckselte Schatten im Staub.

Auch wenn der Kuckuck schon erschossen,
tat fleißig ihre Pflicht die Uhr.
Ich habe dieses Bild genossen
und blätterte im Buch weiter.

M.F.

Gemeinsame Kindheit, gemeinsame Sorgen,
gemeinsam gelacht und gemeinsam geborgen.
Einsame Gedankenschiffe.

Zusammen gestritten, zusammen geschwiegen,
zusammen gekämpft, um sie zu besiegen.
Einsame Gedankenschiffe.

Wir haben gedacht und wir haben gelesen,
doch dann war es vorbei, schön ist es gewesen.
Unsere Gedankenschiffe.

An meine Eltern

Das Wasser bricht, es klebt sich und verbiegt sich immer neu.
Ich räume auf, kehre Gedanken zusammen:
im Elternhaus liegt eine Muschel neben Pasternak und Tolstoi.
Es gibt Gedanken, die nicht jeder haben will.

Es warten unerledigte Ideen auf einen.
Die Kunst der Wissenschaft ist das „Zu-Ende-Denken".
Jemandem Teilstrecken seines Weges zu schenken
ist das, was Liebe und Geborgenheit vereinen.

Es kommt nicht auf den Drücker an, er singt im Chor.
Doch manchmal nehme ich sie einfach in die Hand, benommen
lege ich wundervolle Kurven an mein Ohr,
um durch die Muschel an das Meeresrauschen zu kommen.

Aschenbecher

Wie graues Wasser drang die Dämmerung ins Zimmer.
Das Bier und der Wein kraulten Lippen.
Dann nahm mein Karussell im Kopf noch schlimmer
die Unschuld mir, als Wasser einst den Klippen.

Im Laufe des Abends hatte sie,
die Frau an der Theke meine ich,
den Rock, der mir entblößt ihr Knie,
nicht mehr zurecht gezupft und sich
die Zigarette angezündet.

Die Blumenvase auf dem Tisch
erzählt von einem schönen Abend.
Die Kleider auf Tisch und Boden
erzählen von ein bisschen mehr.
Die Kerzen und ihr nackter Duft
sind klein vor Scham, doch gar nichts sagend.
Die Teller, Tassen, Gläser, Flaschen
schweigen dezent, sind aber leer.

Und ein paar Scherben auf dem Boden
erzählen gern vom wilden Tanzen.
Die Lampen schämen sich ein wenig,
sie fürchten sich vor Kerzenlicht.
In diesem Raum waren leider
weder Kameras noch Wanzen.
Die Leiche auf dem Boden schweigt,
spricht nicht.

Morgendliche Verwirrung

Die Nase holte Luft,
während der Brustkorb sich beruhigte.
Die Augen zickten,
der Ellbogen dachte nach,
ob er abknicken sollte.
Der Daumen drückte sich.
Der Mund blieb stumm.

Die Finger zitterten,
das Ohr überhörte
das Quengeln des Rückens,
die Haare stellten sich quer,
die Stirn verstand nicht
was die Augenbraue von ihr wollte.
Der Mund blieb stumm.

Die Wimper verfing sich,
die Füße stolperten,
als die Lippen pressten,
wankten die Wangen,
der Mund sagte etwas.
Du bliebst stumm.

Das Weihnachtsfest

Es tobt ein Wettstreit in der Stadt,
wie Archäologen ihn unter sich haben.
Mit wenig Aufwand zum Erfolg zu kommen:
Die Meisterdisziplin der Pilzsammler.
Im Schatten der Preisschilder fühlt man sich sicher.
Doch eines vergisst man:
Die Glühwürmchen sind versklavt
und fliegen in Ketten.

Der Morgen kommt brutal und bitterlich,
so elend, das eigentlich verkehrte Datum.
Ich fühle mich als Geisterfahrer in den Passagen,
Ich suche nicht, doch Schultern find ich allemal.
Gesprächsfetzen bleiben wie Bergkatzen hängen.
Ausverkauf des Lebens, fürs Leben, um Lebenswillen.
Eines vergisst man:
Die Glühwürmchen sind versklavt
und fliegen in Ketten.

Herbst

Der Herbst ist Goldschmied aller Bäume,
selbst Musen wechseln ihre Kleider.
Die Neuentdeckung mancher Träume
adelt die Seele lüstern, weil er

die Selben gleich zu Grabe trägt,
er wirbelt auf, fast wie Staub,
der ungeduldig tanzt und schlägt.
Selbst meine Seele riecht schon nach dem Laub.

Fehler

Komm, sprich es aus, sag es, los.
Du stolperst über 26 Beine.
Ja, die Erwartungen sind riesig, groß,
dann mittel, klein, jetzt gibt es keine.

So bleibt dir nur der schmale Lichterkegel,
gleich Milch, die plötzlich ausgeschüttet
den Boden weißt, sie setzt die Segel
und du verstehst, dass niemand dich behütet.

Die langen Blicke zerren, sie tun weh,
doch du kriegst nur zerknitterte Vokale raus.
Dabei wird auch die phantastischste Idee
zerfallen wie ein schiefes Kartenhaus.

Komm, sprich es aus, sag es, los.
Du stolperst über 26 Beine.
Ja, die Erwartungen sind riesig, groß,
dann mittel, klein, jetzt gibt es keine.

Feierabend

Ich lieg in meinem Bett und atme tief,
die Autos bellen nicht mehr auf den Straßen.
Die Stille, die gerade noch hier schlief,
fängt an, in meinem Zimmer rumzugrasen.

Die Berge meiner Decke atmen schwer
und ich betrachte jetzt die Dunkelheit als Gabe
der Natur, oh, lang ist's her,
als ich so friedlich hier geschlafen habe.

Die Liebe ist doch nur geliehen
obwohl sie die Ewigkeit längst überlebt hat.

Jeder Punkt wird zum Zentrum
nachdem er sich auf die Unendlichkeit gesetzt hat.

Die Apokalypse zwischen den Zeilen
behütet dich seit langer Zeit.

Und wenn das Wort Gott ist,
dann ist der Mensch nur ein Komma.

Ängste sind durch Hinterhöfe abgehauen.
Sie verschmutzen den abendlichen Schnee beim Wandern.
Siehst du den Stern da, über uns, du brauchst nur schauen,
der dunkler und kleiner ist als alle anderen?

Dort sind die Felder voll mit Winden, die am Wimmern
und in der Früh, beim Sonnenaufgang
sitzen, wie Knoten zum Erinnern,
Vögel die Leitungen entlang.

Die Augenblicke fliehen nach dem Sprung
ins Wasser, als Kreise in die Ferne.
Wir sind nur eine blinde Spiegelung
von dem banalen Leben auf dem Sterne.

Inhalt

Lebensansichten eines Rauchers

Parthenogenetische Gedanken